나에게로 가는 길

나에게로 가는 길

송종엽 시집

도서출판 두엄

序文

초등학교 졸업식 때 하염없이 울었다
고등학교 졸업식 때 하염없이 울었다
누나가 시집가는 날도 하염없이 울었다
내가 너무 울어 동네 사람들이 같이 울었다
군대서 제대하는 날도 하염없이 울었다
내 안에 어둡게 숨겨진 욕망 분노 목표를 끌어내어
내 앞 어딘가에 그려내는 일의 어려움에 대한 서러움이었다
시인도 아니고 글재주 또한 소질이 없다
다만, 청년 시절 깊은 산사에서 고독하게 지내면서
그 고독을 이기기 위해 일기를 썼다
습관이 되어 욕심이 넘었다
부끄러워도 책 한 권으로 엮어서 남기고 싶었다
재주보다 욕심이 큰 것이 부끄럽다
아직도 내 안에 숨겨진 것들을 끌어내어
내 앞 어딘가에 그려 내는 일이 어렵다
그러나 서럽지는 않다
앞으로 살아갈 날들을 위한 공부라고 생각한다

차 례

제1부 두루 안녕하실 세상 끝까지

제2부 잊힌 옛 시절을 끌어내고

제3부 그리운 것들이 흐르고

제4부 하얀 모시 여인처럼 휘감는다

제5부 내년에 또 오자고 한다

제1부

두루 안녕하실 세상 끝까지

물새

떠돌던 겨울 안개
경칩에 물러가는데
메마른 강바닥을 쪼아대며
꽁지를 끄떡이는 물새 한 마리
모래 위에 발자국 찍더니
쪼르르 앞서서 내달린다
한쪽 길로 가다가
또 다른 길로 가다가
내려가다가 다시 방향을 바꾸어
길을 따라 반대로 내려온다
바람에 일렁이는 강물 따라
높게 낮게 솟구치며
어디서 홀로 왔지만
가만히 불러보면 다 올 것 같다

봄맞이

춘분이 가까워 봄볕이
따스하게 퍼져나갑니다
강을 사이에 두고
큰 산맥이 좌우로 출렁이며
휘돌아 나갔습니다
새들만 자유롭고
고요와 적막이 팽팽하나
쓸쓸함은 없습니다

푸른 강물이 버드나무 가지를 타고
흘러들어 초록이 나옵니다
꽃보다 먼저지요
그 초록을 일 년 내내 기억하렵니다
이 봄을 어떻게 마주할지
정하지 못하고 서 있습니다
바람 속을 걷다가
봄비를 맞고 싶습니다

봄비 1

바람 없는 날
내리는 봄비가 좋다
빗방울의 기운들
외로워 보이는 나뭇가지
꽃망울을 터트리려는 개나리
파란 새싹들
촉촉하게 젖은 땅
낮게 밀리는 강
근심 어린 하늘
아! 이 침묵 속에
졸고 있는지 깨어 있는지
그리움 몽롱하게
같이 가는 봄길이다

봄비 2

봄비 내리는 아침
우산을 쓰고 나섰다

논길 따라 밭길 따라
이슬처럼 살며시 내리니
키 작은 꽃들이 몸을 사린다

나 좋아라 봄비
냉기 품은 촉촉한 바람
안개 골짜기로 오른다

물기 어린 나뭇잎
비린내 나는 숲
개나리가 손을 내민다

꽃 피는 날

꽃이 피려나 날이 흐리고
바람이 분다
분홍 꽃망울이 나뭇가지 끝에서
흔들린다
강냉이 튀밥 튀듯이 곧 쏟아져
나올 거다
작년 일기장을 들춰서 날짜를 재본다
요 때가 그때로구나
꽃 피는 날,
우리의 마음이 옥양목보다 희다
눈부시기도 하고
떨리면서 아득하기도 하다
지금 꽃이 피는 한복판인데
어느 순간에 고비를 넘어야 하나

꽃이 오네요

오월의 무주 산야에
사과 꽃이 왔어요
잠시 숨을 멈추고 쳐다만 봐요
그대는 꽃이 피지만
농부는 꽃이 온답니다
잔가지들이 서로 어긋 지게
비켜주고 휘어진 자리에
올해는 꽃이 많이 왔어요
수많은 햇살 줄기 따라
꽃이 오는 봄 길이 되었지요
한겨울 내내
농부 손길 닿은 가지마다
꽃이,
사과 꽃이 왔어요

꽃그늘

햇빛 좋은 봄날
화사한 꽃그늘에 앉으면
그대가 문득 소리 없이 다가와
오랜 생활의 법칙을 알려 줍니다

흔들리는 가지 끝에서
수런거리며 나풀대고 향기를 풀어
낭랑한 목소리로 환한 꽃 세상을 열어 줍니다

마음에 드는 절구를 찾지 못해
지나가는 봄 사람들을 불러 모아
술 마시며 춤추며 시절가를 불러요

내 기억 파일 속으로
해마다 찾아오지만
만날 때마다 이렇게 설레는 가슴은
세상에서 가장 진지하고 행복합니다
꽃비가 내리면 당신을 연모합니다

4월

창밖 바람 소리 윙윙
쉬 잉 펄 퍼덕 딱딱
외투를 뒤집어쓴 채 선잠 깬다
빨건 눈알 찌든 면상
늘 움츠리고 있다가도
겨울나무는 온종일 흔들흔들
꽃 피는 사월이 왔다
반갑기도 하고 무섭기도 하다
기다리는 시간도 짧다
정신이 혼탁한데 갈 길은 멀다

꽃길

꽃이 스스로 자지러졌을까
바람이 불었을까
벌들이 윙윙거렸을까
황톳길이
하얀 꽃길이 되었구나
밟고 지나갈 수 없어
되돌아와
너를 바라보는 내가
꿈꾸는 듯
너보다 그리움이 절절하였다
아! 또 바람이 분다
낙엽송 여린 잎에 날아드니
둘 다 다칠까 걱정이구나
말을 하지 않는 너
말하고픈 나
봄은 그냥 오지 않는다고

나비가 되어가는 어머니

새벽 밭일 가는 어머니
뒤를 따라간다
굽어서 옆으로
게걸음을 걷는 어머니
뭔 말인가 자꾸 해댄다
입에 침이 마르고
말도 어둔하단다
밭둑에 자꾸만 주저앉는다
장마 전에 옥수수를 쪄내고
들깨와 배추를 심었다
팔십이 넘어도
순한 세월이 아니었다
얼마나 더 희미해질까
하얀 나비가 되어가는 어머니

왜가리

외다리 딛고 긴 목 고여
선정에 든다
앞에서 물고기가 튀어도
미동도 하지 않는다

우두커니 서 있는 모습이
고승의 마른 등과 같고
늙은 어부 젖은 발 같기도 한데
외롭다거나 힘들어 보이진 않다
무척 가벼이 사는가 보다

흘러가는 모든 것들을 조아리고
가끔 날아오를 때
“끼룩” 하고 외치는 걸 보면
한 소식 한 것 같은데
바삐 떠난다
파란 눈들이 물속에 숨어 있는 걸 알았나 보다

고향집에 내리는 비

세차게 비 퍼붓는 날
처마 끝 마루에 앉아
젖은 몸 닦으며
하늘 보고
앞산 보고
들녘 보고
빗소리 듣는다

물길 터진 마당으로
만물이 흔들거리며 떨어지고
하늘에 오르지 못한
공기 방울이 흘러가고 있다
순간 단절된 세상이
요란하고 팽팽하다

이런 날
반가운 친구는 몰라도
탱자나무 울타리에 피는

나팔꽃 되어
혼자 사는 어머니와 마주 앉아
서로 근심하지 않는데
뭐. 할. 일. 있어?

소낙비

소낙비 퍼붓는 날
왜 이리 조바심이 날까
창문에 떨어지는
잎사귀 나무 잔가지처럼
바람에 불려 나간다

그들이 지나가는 길
떠밀려 둥둥거린다
이 빗방울의 기운들
두려워 보이는 세상
무너뜨릴 수 없는 공포다

다 지나갈 때까지
어떻게든 견뎌보자
한나절쯤,
한가하게 마루에 앉아
농사꾼처럼 기다려보자

여름 집

소나기 바람 머뭇거리는
마을 앞 농로
비 젖은 농부와 엄마 소
송아지 집으로 가는데
너른 들과 다가온 산 그림자가
밀어 올린
여름이 느릿하게 뒤따라간다
큰 강이 미끈하게 흐른다

새로 생긴 절 길로 가려다
주춤주춤 물러서는 비
강물에 빠져들고
집으로 간 농부는 아내를 기다린다
송아지도 젖을 먹는다
버리고 간 강마을
그런 건 하며 홀연히 나타난
대차리

여름밤

저녁 바람이 숨죽일 무렵
여전히 출렁이는 벼 포기에
손을 흔들면
저 건너 벙디미들 밭에
옥수수 꽃이 떨어진다

적상산 위로 북극성이 뜨고
은하수 마당으로 내려
앞 내 뒤 내 같이 흐르면
멀리 갈 것도 없이
바로 보이는 신식 이층집에
내 어머니도 잠들었다

자귀나무 잎이 서로 붙어
밤을 지나고
배롱나무 가지처럼 여름밤은
은은하게 빛난다
그리워하는 것들이 근심되어
긴 시간 견디며 여기까지 내려와

고향 집을 찾아왔을까
까만 여름밤아!

초여름

하지 지나는 날
남대천 가로수 나뭇잎에
초록 바람이 지나가면
나는 아무것도 할 수 없어요

그냥 오래오래
보고 서 있다가
스마트폰을 꺼내
시를 찍어 저장합니다

왜가리는 하늘로
피라미는 물에서
주체 못 하는 무주 사람들
오랜 습관입니다

7월

칠월 장마 물러간 아침
바람 살랑
햇살이 노랗게 퍼지면
매미 소리 한창이다
칠월을 노래하고 시 쓰는 사람들
붓 꺾어
낮 잠 잘 날들
칠월은 팔월로 가네

장마 끝

큰물 휩쓸고 지나간 강 하얗게 씻긴 조약돌에
여름 햇살 부서지는데 물색이 참 좋다
물비늘 반짝이고 노란 나비 꽃이 피어났다
우리가 한 번쯤 사는 일의 서러움으로
울어보지 않은 사람 어디 있으랴
찢긴 가슴들 그리운 사람 찾아가듯
두루 안녕하실 세상 끝까지
너울너울 하류로 휘돌아 나갔다
두고 간 여름 강가엔
못 견디게 향기로운 바람이 불어오고
끝끝내 닿지 못할 그리움이
너무 멀리 왔거나 너무 멀리 가지 못했다

말복(末伏)

왜가리와 나는
삼복 내내
남대천을 기웃거렸다
비 한번 내리 않았다
바람 불지 않아도
물비늘이 반짝거렸다
앞산 더운 김이
푹푹 찌는 다리 위를 지나고
쪼그라드는 느티나무 잎마다
거미줄이 쳐져 있다
그냥,
바람이 그리운 날
해지기를 기다리는 말복
긴 여름이 저문다

더위

입추 지나는 날
더위에 대한 시를 써보겠다고
오후 2시에 남대천에 나갔다
누가 풀을 깎았는지
마른풀 냄새가 퍼진다
소여물 삶은 냄새
그러니까 푹 쪄진 거
비릿하고 구수하다
왜가리 한 마리가
긴 목을 여러 번 물에 처박는다
구름이 적상산 쪽으로 몰려간다
한낮,
쓰르라미가 울기 시작했다

무진장 버스

오랜만에 무진장 버스를 탔습니다
팔월 초하루 무주 장날이지요
적상산 먹구름이 산 아래에 몰려있고
콩잎이 나풀거리는 밭이랑에
옥수수 잎이 간간이 파도소리를 내기도 합니다
적상 마산마을에서 여덟 명
사내 마을에서 다섯 명
적상면 소재지에서 한 명이 내리고 네 명이 탔는데요
노인이 더 노인한테 자리를 양보합니다
"아여 핸드폰 찾았어? 응! 물속에서 찾았어"
"오늘 비 온다? 응, 태풍온다"
아랫동네 윗동네 노인들 서로 인사를 합니다
젊은 새댁 세 명은 서서 가는데요
모두 외국에서 시집온 며느리입니다
버스 기사님도 무진장 친절합니다
무진장하게 늙어가는 손님들이
다 타고 내릴 때까지 무진장 기다려요
버스는 아침 아홉 시 삼십 분에 무주장에 도착했습니다

매미 우는 날

찌울 찌울
팔월 삼십 날
마지막 노래
햇빛은 노랗다

찌울 찌울
바람 불어도
사람 지나가도
그냥 울어 댄다

찌울 찌울
파란 하늘
뭉게구름 떠나고
강물은 흐른다

찌울 찌울
뭐 그리
아쉬운 것 있다고
따갑게 울어대나

앞섬 매운탕 집 7월

동창회 온 놈이
한 번도 무주에
살지 않은 사람처럼
창밖의 비를 보고
핸드폰 메시지를 보네
물을 따른 컵을 주고
부추를 넣은
다슬깃국을 밀어준다
숟가락을 들고
국물을 뜨고
소맥 한잔하더니
어머니 혼자 사는데
얼른 다녀오겠다고
비는 계속 내리고
참나무숲이 길게 넘어진다

제2부

잊힌 옛 시절을 끌어내고

이슬

살고 있는 것은
가을 전설이 되었는데
차고 맑은 가을 아침
온통 풀어져 몸 부수니
글썽이는 것이지

들길을 걷다가
우리 맑은 눈으로 만나
세상의 모든 술잔을
바람결에 헹구는 그리움으로
들풀들이 일제히 흐느낀다면
돌아가야지

그립고 아쉬운 것들이
발을 내릴 순 없지만
건너오는 바람과
젖은 들판 냄새가
넘나들며 부딪치면서 깨어지니
이 세상 가득 이슬이네

두길리 가을

한로 지난 바람이
두길리 밤나무 숲에서 홀로 가는데
지울 잎들이 많아 단풍으로
한 잎씩 저버리고 가야 할 듯
텅 비는 하늘입니다

물에 가까운 산들이 거꾸로 들고
바위에 부딪히는 물소리 맑아
작은 돌을 던지며 물고기를 유혹하는데
물굽이 눈부신 한나절입니다

골짜기로 들어찬 황금빛은
여름 내내 농사일로 힘겨운
농부의 등에서 어른거리는데
그 빛을 따라 볏짚 냄새가 납니다
억새꽃이 하얗게 흔들립니다

가을바람

가을바람이 불어요
저녁 밤 캄캄한데 나한테 불어와요
날아다니던 해충도 없고
너무 시원하고 청량해
그냥 있어도 기분 상쾌해요

가을걷이 시작될 쯤
들판 위로 훨훨 불어오던 그 바람
농부님 독서실 학생 모두
요 바람 때문에 좋아질 겁니다

텅 빈 옛집에 불 밝히고 시를 써요
너무 행복합니다

단풍들어요

적상산이 단풍들지요
파란 가을 하늘 아래
물들기 시작하여 갈색입니다
서쪽으로 비치는 햇살 따라
산맥이 붉게 출렁입니다
바람이 일어나
뱅뱅 돌다가 산 아래로 내려가
빨강 치마가 됩니다
산을 닮은 적상사람들은
단풍산 너머의 그리움을
달래며 해마다
머루 축제를 합니다

가을 사랑

내가 가는 강변길에
가을비 오는듯하다
바람도 부는듯하다
갈색 잎이 우수수 내린다
무슨 기운들이
저렇게 물들고 내리는가
가을 사랑
가을 사랑
내 모든 그리움이
오는 듯 가을 사랑

가을 1

가을로 가는 바람을 탔다
간간이 비가 흩날린다
비뚤어진 햇살 덕택에
잘 여물어 간다
여무는데 마구 베어낸다
이슬 따라 묻어 왔을까
그리운 사람 따라 왔을까
노란색들이 가득하다
코스모스 길엔 아무도 없다
경운기 달리는 농로처럼
한가하다
귀농했을까
빨갛게 물들인 그리움일까
그 길에 가을바람이 분다

가을 2

무풍 철목 마을 앞 국도
어린 초등학생 버스에서 내려
길가에 핀 코스모스 숲에 잠시 서 있다가
길을 건너는데
코스모스 무리인 줄 알았다고
방끗 웃는 얼굴로
노랑 저고리 빨강 바지 초록 가방을 메고
혼자 걸어가는 데 외롭고 쓸쓸해

덕동마을 지나 한재 넘을 때
풀벌레 소리 이리저리 흩어지고
가슴 깊이 파고드는 가을바람에
그 아이와는 상관없이
사모하는 것들이 쌓이더라고

처서

아침 바람 서늘하여
남대천에 나갔다
앞서 흐르는 물소리로
길을 열어
짜릿한 몸으로 걷는다
여무는 풀 섶엔
맑은 이슬 달려 있다
먼 산은 아직 검다
가고 오는 시절
혼돈의 감흥이
서늘한 바람 따라
아슬아슬 기분 좋은데
아,
천천히 물리를 헤아리기
너무해

11월

가냘픈 한 가닥 가을빛에
강아지풀이 일어납니다
이제 들꽃 향기는 없지만
마른 나뭇잎들이 엉키어
가을을 지키고 있습니다
이 허허한 들판에서
세찬 바람이 이는 곳을 알고
지난 가을 산을 그리워합니다
나 하나의 모든
그리움 아쉬움이 있습니다
다가오고 멀어지는데
눈 내리기를 기다립니다

늦가을 강가에서

H형

해 저무는 강가를 거닐며 힘차게 둑을 타는 담쟁이 넝쿨을 봅니다

모든 것이 시들어가는 늦가을에 국화보다도 아름답지요

가을 물은 느리게 흐르고

산 그림자 노을 속으로 허허하게 사라집니다

바람도 싸늘합니다

서럽고 아쉬운 계절이 또 이렇게 찾아오네요

소줏집 기웃거리는 공사장 인부들처럼 고단한 하루를 강물에 쑤셔 박습니다

이 작은 도시의 저녁은 이렇게 시작됩니다.

H형

남대천 강물 위로 낮달이 한 조각 흰 구름처럼 떠 있네요

생애 어떤 날 문득 찾아오는 그런 수줍음으로 메마르게 흘러요

아이 울음소리 그친 지 오래된 마을

점점 늘어만 가는 빈집 자꾸 작아지는 도시

이 모든 것을 보듬어 살고 있는 중늙은이의 삶이 꺼칠합니다

H형

남대천 가을 물이 바람에 일렁입니다

흐르는 물은 늘 새것이지요

늦가을 해 저무는 강가에 서서 담쟁이 넝쿨 같은 처연한 소망으로 편지를 씁니다

그리움

한설 퍼붓는 날
날리는 눈바람을 먼 데서 보고
어두워지는 들과 산을 바라보았다
하얀 눈보라 낮게 강을 건넌다
많은 얼굴들이 그립다

바람에 쏠리는 나뭇가지 위로
내리고 쌓여 팽팽하다
눈 덮인 들은 솜이불처럼 포근하다
겨울 해가 짧아 일찍 밀려든 것인지
골짜기엔 어둠이 오래 머문다

희미한 능선을 타고 올라가면
눈 쌓이는 봉우리에 작은 회오리 일고
나무들, 길게 늘어져 우는데
그 위에 또 눈이 내린다
시야를 가로막고 살아남아
사방에서 다가와 쌓인다

눈 내리는 강

고요한 아침 강변에
하늘 가득 봄눈이
펄펄 내립니다
어찌나 좋은지
혀를 내밀고
눈을 받아먹으며
빙빙 돌았습니다
그리운 사람이
하얗게 떠오릅니다
두 팔을 벌렸습니다
철새도 강물도 함께 합니다
거뭇한 산봉우리에도
하얗게 쌓여갑니다
홀로 빙빙 춤을 춥니다

얼지 않은 강

올해도 강은 얼지 않았다
엷은 얼음판으로 퍼져나가는
겨울 햇살이다
싸리재 넘는 낮달이 홀로 가는데
이마가 시리도록 남대천 하늘은
끝까지 깨끗하다
겨울 강이 넓어 열면 얼마나 좋을까
훅훅 불면서 강에 빠지면서
사람들은 강 얼기를 기다리고
강이 시키는 대로 축제를 준비했다
얼음이 얼면 그 위에 물을 뿌려
더 단단하게 얼렸고
눈 내리는 날엔 눈을 쓸어주었다
그렇게 소한 추위가 지나갔지만
올해도 강은 얼지 않았다

한겨울

강은 얼어 며칠이 지나자
눈이 덮이고
그 위에 눈이 또 내렸다
얼음 얼은 채 강추위를 또 견딘다
아침 햇살에 쩡쩡 소리 내며 갈라진다
추위는 한군데로 뭉쳐지지 않고
고루 터져 나아간다
눈 덮인 얼음장에서는
눈이 그쳐도 눈이 내리고
하늘이 파래도 눈이 내렸다

함박눈

까치 설부터 함박눈 많이 내렸다
아랫집에 사는 형은 올해 환갑
세 번째 윗집에 사는 형과 동창생이다
윗집 그 윗집에는 할머니들만 사는데
윗집 할머니는 설 쇠러 서울 갔다
마을 골목길은 그렇게 길다
쌓인 눈을 형 둘이서 다 쓸어낸다
외로움으로 부스러진 얼굴들이다
그냥 있어 볼 길밖에 없었는데
고향을 지키는 것이 돼버렸고
남은 사람들엔 고마운 것이었다
싸드락 싸드락 눈 밟는 소리
하얀 이 새벽에 누구신가 바라보니
또 내리는 함박눈이다

반딧불장터

설 대목 파장 무렵
각설이패 한판 놀아난다
장꾼 여럿이 그 장단에 춤을 추고
각설이 패보다 더 일그러지고 비틀린다

잊힌 옛 시절을 끌어내고
장 보는 사람보다 장사꾼이 더 많아
먹먹한 가슴 마른 풀처럼 풀어낸다
세월이 물처럼 흘러도 머무는 것들이 있는데
못한 아쉬움이 녹아내린다

순한 사람들은 머뭇거리며
굿판이 끝나도 쉬 돌아가지 못한다
서러운 울림만 가득 출렁이다
다 씻어내지 못한 마음들만 떠난다
지킬 수 없어 작아지는 장터를

미황사 2박 3일 템플스테이

새해 첫날 오후 해남 미황사
절 마당에 올라서는 순간
오랜 좌선으로 늙은 대웅보전 뒤
달마산 탑 바위가 쏟아져 내렸다
붉가시나무 푸른 숲이 떠받치고
구름은 넘지 못하고 묵묵히 뒤따른다

동백꽃이 절손님처럼 드문드문 피어
서로가 서로를 귀하게 여미면서
목탁소리 염불소리 종소리 다 울리고
밤하늘 별빛이 순하게 스며들었구나

탑 바위 능선을 넘어 신비를 알았을 땐
달마는 이미 서쪽 바다로 가고 없었다
시공(時空)간 미황(美黃)은 해남까지다
세심당에 머문 사흘간 인욕 정진
우리는 행운의 시작이었다

제3부

그리운 것들이 흐르고

버섯 향기

아침 운동을 마치고 샤워 후
밥상에 앉았다
아파트 베란다 창틈 사이로
제법 싸늘한 기운이 전해온다
김이 무럭무럭 나는 버섯국 한 그릇에
수저를 대고 후후 불면서 한 모금 마시니
잘 우러난 능이버섯 향기가 전해온다
가을이 어느새 깊어 가는지
시절에 맞는 음식 맛이 진하다
어디서 올까, 이 향기 이 맛

우리 집

민호는 아빠 닮은 송 대감
생각이 깊은지 말 없고 건강하다

다호는 엄마 닮은 송 여우
말 잘하고 잘 토라지는 분홍색 맵시가 있다

엄마는 깔끔하고 살림 잘하는 멋쟁이
아빠는 술꾼이지만 운동 좋아하는 글쟁이

늘 깨끗하고 웃음 있는 우리 집
밥을 먹을 때 빙 둘러앉아 달그락 달그락
잠잘 때 한 이불 덮고 쿨쿨쿨

딸아이 하는 말

아침에 다호가 하는 말
"나는 엄마 안 될 거야" 한다
왜냐고 물었다
"아빠가 엄마를 미워하잖아"라고 대답한다
순간 아차 했다 그리고 대답했다
"아니야 아빠는 엄마를 좋아해"라고 했더니
"정말로 엄마를 좋아해" 하고 반문하더라

저녁을 먹고 우리식구 모여앉아
과일을 먹는데
딸 다호가 하는 말
"아빠! 아빠가 할아버지 될라고 머리가 하얀 게 많네"
라고 하여
모두가 웃었다
아들놈은 그런 말을 하지 않으니
신기한 일이다

나의 아내 원희에게

여보! 원희 씨

저녁 참에 마당 가 과꽃이 환하게 피어오르네

올봄 다호와 같이 씨를 뿌렸는데 저렇게 아름답구려

저녁엔 밝은 별빛 파란 하늘을 보며 어머니와 이야기 나누고

자다 깨어 방문을 열어 시원한 공기를 접하니 정신이 맑아와

알 수 없는 상념으로 화두를 들다가 당신 생각을 하게 됐다오

새벽하늘 낮게 드리우고 있는 희미한 별빛들이 나를 닮은 것 아닌가 하는

생각에 어리어리한 슬픔 외로움들이 설핏하니

문득 어느 때부터 당신과 떨어져 살게 되었다는 현실이었소

요즘 집에 갈 때 집안 가득한 난 향기를 맡으면

날렵하고 고운 잎새로 천상의 꽃을 피우는 것이 꼭 당신 같아서

나의 당신에 대한 부끄러운 마음 한량없구려,

돌덩이 같은 나를 안고 살아가는 게 무척 힘들 줄 아오
아무렇게 굴러 쌓이는 행동에 얼마나 마음 상하오
그래도 한마디 불평 없이 따라주는 당신이 내게는 큰 언덕이라오
당신의 성품을 닮은 아이들은 잘 크고 건강하여 무척 행복한데
꽃처럼 약한 당신을 기쁘게 해줄 재주가 없는 나는 무식한 술꾼이요
그래도 당신의 건강을 매일 매일 걱정한다오
티끌도 용서하지 않는 깔끔한 성품이 반석 같고 나를 대하는 예를 깍듯이 하니
내가 죽어도 못 잊으리라

딸에게

혹시라도 하는 심정으로
기도를 많이 했단다
흐뭇하구나, 잘 자라줘서
아빠 퇴근길에 마중 나와
까만 점처럼 다호가 서 있으면
가슴이 미어져 울컥했었다
딸아, 내 딸 다호야
진실하고
자유롭게 살아라
달항아리야 부탁해

선화동에서 둔산까지

민원인이 민원실에 비치된 서류를 몇 장씩 가져가면 아까워 죽겠다
필요한 만큼만 가져가라고 하면 달려들어 큰소리 칠까봐 보고만 있다
그들은 왕이니까

전화를 받으면 가슴이 떨린다
대화 중 사소한 트집을 잡아 너 이름이 뭐야 모가지를 뗀다고 한다
그들은 얼굴 없는 힘센 왕이니까

답변하기 어려운 소송문제
민원실에 비치하지 못한 서류들을 요구하며 왜 없느냐고 따져 물을 때
미안하고 죄스럽고 무섭다
그들을 왕으로 모셔야 하니까

그 왕들은 자기가 왕인 줄을 모르고
내가 왕으로 받드는 줄도 모른다

시험 일기

아! 세월아
나는 돌부처처럼 앉아 있다
개나리 목련이 피어도
사월 스무날까지 머리통이 터져 피가 흘러도
책장을 넘기려 한다
2000년 4월 4일

눈이 침침하여 책을 보아도 이해나 암기가 되지 않는다
귀에서 매미 소리가 난다
총명했던 어린 시절과 다르다
하루 종일 보고 또 어떻게 해야 하나

봄바람이 창문을 두드려도
밖으로 나가지 않는다
계절은 꽃을 피우는데
내가 사는 창고는 춥다
쓸쓸함만 가득하다
밖으로 나가면 무얼 하지

작은 잎은 매일 매일 자란다

해야 서쪽에서 떠라
머리가 둔하고 무거워라
기억력이 없어 다 잃어버려라
눈이 침침하여라 집중력이 떨어져라
잡생각이 오락가락해라
아무리 너희가 나를 괴롭혀도
오늘도 열심히 책을 넘기노라

꿈을 꾸었지
아주 기분 나쁜 꿈을 꾸었지
꿈은 반대라는데
오늘 응시표를 받았다
시험이 이틀 남았습니다

11월 밤

딸아이 등에 업고
마당에 내려섰다
감나무 가지 끝에
반달이 걸려 있는 하늘은 시리다

별 보고 딸 아이 보고
별 보고 아빠 보고
저기 큰 별이 다호별이다
아니야! 큰 별은 아빠별이고
작은 별이 내 별이야

은하수 따라
그리운 것들이 흐르고
마루 건너 큰방에서
모처럼 도란도란 거린다
별들도 기울기 시작한다

병

허우적대며 걸어간다
왜 이렇게 스산할까
옷소매를 여미며 아내 뒤를 따라간다

가엽다 가여워
고단한 육신
이렇게 망가지게 되는 것을
알게 되는 데까지

아 말하고 싶지 않다
있는 힘을 다해
오직 편안함 때문으로
끌려가던 날

하관(下官)

오랜 투병 끝에 장모님이 소천하셨다
가을 햇살이 노랗게 내리는
예산군 추모공원묘지에 안장했다
4남매는 낮게 흐느껴 울고
늙은 남편은 황소울음으로 운다
나는 속울음을 운다
황금빛 마사토로 단장한 땅속에
누런 베옷을 칭칭 동여매고 누워
아들과 딸 손자 흙을 받는다
우리는 또 길게 운다
향을 사르고 술을 따라 두 번 절 한다
지친 육신을 버렸으니 사후의 질서대로
안착하시어 영원하시기 바란다
돌아오는 길은 빈손이다
올망졸망 따라오는
손자 손녀 잘 부탁한다고 했다

고향

곡절 많은 사랑보다
고향은
더 아프든가 좋든가
젊어 한창때 잊고
중년 들어 저려오는 가슴에
아련히 어린 내 고향

진실로 겪는 외로움
오랫동안 잊고 있던
어릴 적 동무 불쑥 찾을까
생각만 해도 설레는데
고향,
오늘도 그리워 가고파

낙향

내 아버지가 평생 동안 가꾸고 다듬어온
당신의 집에서 조용히 숨을 거두었다
뒤뜰 은행나무 잎이 노랗게 물들기 전에

나도 내 아버지처럼 평생을 가꾸지는 못했지만
물려받은 대로 가꾸고 다듬어진 방에서
숨을 거두고 싶다

이것이 나와 내 아버지의 화해이며
내 아들에게 돌아갈 것이다
농사를 지으려는 마음
때 묻히고 다투기 싫어하는 가슴
서생인 내가 아버지를 무척 무서워했었다

애인

가을비 내리는 날
비를 맞으며
강가 들길 숲길 걷다가
우수에 젖다가
지나간 사랑에 젖다가
춥고 떨리면
따뜻한 난로가 있고
훈기 도는 까페에서
마른풀 닮은 마담과
술 한잔하면서
창밖으로 떨어지는 빗방울과
이리저리 구르는 낙엽을 따라
불그레 취해가면서
설레는 사랑을 옆에 차고
갈잎 배처럼 떠나간다

동창생

부딪치는 술잔 속에
녹아 없어지는 서먹함
그리고 살아나는 기억들
문득 뒤돌아보니 꺾어진 반평생
누구를 그리워하는 마음으로
살아온 나날들도 아닌 것을
나와 너는 이렇게 좋구나
비슷한 얼굴 비슷한 말투
오늘 이렇게 만나
애인 되어 들어주고
공감하며 자랑도 한다
순수했던 시절로 돌아가
어깨동무 받쳐주고 반가워
적상초등학교 45회 동창생

반딧불축제

적상면 부스에서 술 한 잔 마시고
사는 이야기하고
약간 취해서 걸으니 좋다
무주읍 부스에서 한잔 더 마시고
반딧불축제 이야기하고
조금 더 취해서 걸으니 좋다

군청앞 다리가 반짝인다
개똥벌레 꼬리를 박아 놓았구나
작은 강을 건너는 소리들이
강바람에 빛으로 되돌아와
출렁이며 같이 걸으니 좋다
무주 사람 다 나와 걸으니 좋다

삼도봉 화합 기원제

산맥이 출렁거렸다
몰려가는 바람 뒤끝에서 다시 살아나
깊은 산맥 저편으로 돌아나가 굽이친 끝이
삼도로 갈라졌는데 그 끝은 가물가물하다

시월 열을 사시 삼도봉
옥석 둥글게 깎아 하늘로 받쳐놓고
헌관들 잔 올리는데 전라도 경상도 충청도
한 꺼풀 무너져도 좋은 삼한 땅이다

말씨 서로 다르지만
길은 우리들 만나기 위해
그리고 또 만날 때까지 흘러
춤추고 두드리며 만세 만세 만만세

송년회

우리는 섞여 만났다
크리스마스이브
마주친 눈빛이 출렁거려
숨이 멎을 것 같았다
서로 편해질 때
그녀는 술을 따랐다
우리는 너무도 가까웠고
춤추며 노래 불렀다
도망치려는 몸매는 아름다웠다
취해가는 가슴엔
때 지난 그리움이 밀려 나와
대척점에서 통과했다
재회가 아니라 만남이었다
나는 한없이 무너졌고
그녀의 웃는 모습은 아름다웠다

부석사 무량수전(浮石寺 無量壽殿)

산중 높은 곳에 연초록 내릴 때 부석(浮石) 옆에 들고
허허롭게 지긋이 자리한 무량수전아,
너는 푸른 운수납자(雲水衲子)만을 사랑했겠지
더러 오래되고 예스럽다 해도 너만한 보물을 본 적이 없구나.
웅장해도 투박하지 않고 고졸(古拙)해도 화려해 보이는 것은
오랜 세월 고행으로 단련된 고승의 몸처럼 깔끔한 앙상함이요
등신불(等身佛)로 승화한 고승의 몸처럼 생명력이 있기 때문이다.
더욱이 너의 발아래로
산 첩첩이 파도처럼 출렁이며 구름은 세속인연처럼 펼쳐지고
고루에 올라 북채를 잡고 두드리는 구도의 길 도도하여
석양이 잠시 머뭇거릴 때 살짝 비쳐진 스님 얼굴이 짠하더라

그것은 늘 너에 대한 그리움으로 다가서다 돌아서서 사랑하는
불심으로 오가는 중생들에게 그리움을 물어보고 구도의 길 가르치면서
잔걸음 소맷자락으로 북소리까지 들려주니 너의 고졸한 앙상함과 생명력이
끊임없이 변하지 않고 이어지는구나.
무량수전아!
안양루 돌계단 턱이 의상 스님 중생구원에 닳아 버릴 때 어떻게 버티고
불심을 하심 하였느냐, 나무관세음보살.
너를 뒤로하고 돌탑 돌아 숲길 오르니
조사당 처마 밑에 너의 도반(道伴) 골담초는 세속 티끌 다 버리고
오로지 네가 들려주는 불경소리 목탁소리만 먹고 저렇게 선비화로
피었으니 둘 사이 불법을 아무도 말 할 수 없지.
무량수전아!

나는 뭘 보고 무얼 표현할지 몰라 그냥 여기서 며칠 살아보면 좋겠다는

중생심(衆生心) 무명(無明)에 한탄만 하다가 일주문 걸어 나올 때

영주의 사과꽃은 바람결에 내리는 줄도 모르더라.

무량수전아 ! 안양루야!

제4부

하얀 모시 여인처럼 휘 감는다

불혹(不惑)

새해 들어 여러 날이 지났다
지난 연말도 어김없이 술로 지우고
아내한테 잔소리만 들었다
많이 오던 연하장 하나 없다
그나마 떠난 사람한테 한두 장 왔지만
답하지 않았다
올해 계획은 아예 생각 않고 지낸다
그냥 나이만 먹어도 좋다
미혹되지 않고 있다는 걸까?
잘남이 없어도 사는 재미가 있다
꼭 해야 되는 일 망각한 채 살아가도
허망하지 않을 세월의 살을 엮어서
내 나이 사십엔 넉넉한 팔봉이련다

일출

바다와 하늘이 만나는
가물한 곳에서
붉은 덩어리를
수평선 위로 밀어 올린다
파도는 비단을 깔고
갈매기는 이리저리
금줄을 놓고
설악산은 두 팔을 벌린다
고깃배들은
둥실 떠 이웃하고
바람이 산 쪽으로 불면서
해무를 걷어간다
붉은 덩어리 솟아
바다와 하늘을 갈라놓는다
쟁반을 들고 들어가
어떻게 해볼 작정인데
뜨거울까?

파도리

파도리 갯가는 절벽이다
파도가 세서 파도리다
우리는 물때를 맞춰 간다
밀물 때 먼바다 소식이
따라 들어왔다가
썰물 때 육지의 일들이
빠져나가면서
밀려난 바다는 아득하여 멀다
드러난 개펄에
조개 낙지 해삼이 숨어있다
해옥도 숨어있다
바다가 멀어진
파도리 하루해는 길다

만리포

포구가 서해 멀리 있어 만리포더라
맨 처음 그 포구엔 누가 해수욕을 했을까
사람들은 모래알처럼 수없이 왔다 갔겠지
살 같이 드러나는 모래펄엔
물 주름이 찾아들고
아이들은 밀려드는 파도를 탄다
출렁이며 맞이하는 서해바다
슬며시 아내 손을 잡고 따라 들어간다
수평선 너머 먼바다까지
만리포 사랑 노래가 가득하다

산사일기 1

눈 쌓인 산길을 걸어서
안국사에 도착했다
마음만큼이나 무거운
책 보따리를
짊어지고 올라왔다
주지님은 안 계시고
공양주 보살님만
반갑다고 좋아한다
절 마당이 텅 비어 차다
밤이 되어
산신각 작은 방에 촛불을 켠다
새로운 싸움의 시작이다
안개가 자욱하게
산골짝으로 밀려 내린다
바람처럼 형체 없이
흔들거리는 내 심사다

산사일기 2

햇살이 반쯤 문살을 비출 때
비행기가 소리 내어 지나간다
빈가지 사이로 하얗게 쌓인 눈이
바람이 불 때마다 날리고 있다

누가 올 것 같은 마음에
방문을 열면
바람이 스쳐 지나가고
달그락 소리에 방문을 열면
새들의 날갯짓 소리다
윙윙 문풍지 울리는 북풍에
풍경 소리 차갑다
흩어진 바람이 울타리가 된다

산사일기 3

모처럼 처녀들과
산행에 나섰습니다
숲속 빈터 빈 의자에
아무 생각 없이
주인 노릇을 했습니다

뻔히 알지만
속아 보는 척했습니다
한번은 시인이 되고
한번은 철인이 되고
마음으로 정해 놓고
일행을 따라 다녔습니다
돌아오는 길에 헤어졌지요
산 짐승들도
오늘 밤은 조용할 겁니다

산사일기 4

함박눈이 허공을 메우며
바람을 탄다
검은 산이 출렁이며 운다
높은 산 깊은 골짜기
아무도 찾을 수 없는 안국사
군불을 피워놓고
겨울 새 되어 훌쩍 떠나 버렸다

우리만이 통하는 오솔길엔
새로운 세계가 열리지만
버티지 못하는 것들이 늘어져
우는데 또 눈이 내린다
댓돌 위 신발이 폭 파묻혀도
주승은 문도 열지 않는다

이별

검은 가방을 끼고 달려 나오는 아침
장마가 지쳐 머무는 곳에
속초 앞 바다 안개가 여인의 속살처럼 휘감아 돌아드니
나는 조용하고 담담한 이별 연습이 떠올랐습니다
동명항 방파제 일출 보고프면 어떻게 할까
영금정 파도 소리 듣고 싶으면 어이 할까
장사동 회 맛을 어떻게 잊을까
설악은 또 어떻게 하고 노을 지는 영랑호는
굳게 마음먹고 떠나온 지 벌써 한 달이 지났군요
생각하면 즐겁고 꿈같던 만남들
추억 속으로 접어두자니 병이 날 것 같습니다
조용하고 묵향이 번지는 천국 같은 작은 법원
그곳에 아름다운 사람들이 수월로를 거닐지요
진부령 미시령 한계령 넘으며 남몰래 뿌린 눈물
전별금을 싸주던 직원들 너무 고마워서
진고개 마루에 차를 세우고 마지막 동해를 굽어보다가
철없는 아내의 재촉을 핑계 삼아 넘어왔습니다
그래도 추억은 아름답기에 소식을 전합니다

동해가던 날

가을비 추적추적 내리는
설악산 미시령 휴게소는 추웠다
근무지인 속초 시내가 저 멀리
아른거리는데 바다에 잠겨있다
안개가 모든 걸 다시 감춘다
따스한 커피를 마셨다
이 길은 군 생활 때
유격 행군하던 길이다
이 땅과 인연이 깊구나
마음이 여러 갈래다
안개 걷히는 미시령아
옛사람 간 길을 일러다오

속초 법원

나는 한 달 내내 옥상에 올라다녔다
바다와 산이 양쪽에 있다
설악산 울산바위에서
뻗어 나가는
산맥 끝에 속초법원이 있다

옥상에 올라가면
왼쪽은 동해요 오른쪽은 설악산이다
푸른 바닷물이
육지보다 높게 보이는 수평선이
쏟아질 것만 같다

어선들이 멀거나 가깝거나
수평으로 떠 있다
해가 서쪽으로 약간 기울면
설악산 산 그림자가 먼저
항구로 내려온다
바다와 산이 법원 옥상에서 만난다

속초 생각

찬바람이 스친다는 건 가을이 이미 깊어 쓸쓸함 허무함이다

한나절 보내고 있자니 문득 속초가 그립구나

사람 그립지 않고 마음 울적하지도 않는데 어떤 책을 읽다가 휙 다녀오고 싶다

이 시절 일출이 동해 일출의 최고요 단풍도 같은 색깔로 출렁인다

비린 항구엔 갯배가 오고가고 은서네 집은 유명하게 되었지

그때 맑은 가을밤 바다 위 고요히 떠 있는 달은 나를 닮은 나그네였다

어쨌든 그 바다는 능파대 아야진 가진항……

설악산 금강굴엔 갈 곳 몰라 뒹구는 낙엽이 쌓이는데 기도하던 스님이

지금도 있는지 같이 촛불과 향을 사르고 싶다

바닷가 찻집 2층에서 커피를 마시고 성난 파도를 바라보고 싶다

떠나지 못하는 고통과 볼 수 없는 그리움이 잡을 수 없

는 바람으로 밀리는가
　그보다 더,
　오징어 회 쌈 싸서 안주하고 소주를 배불리 먹던 술 동무가 그립다

수월로(水月路)

난적은 숲길을 옮겼다면 너무 적막할까
해오름 오솔길을 옮겼다면 너무 가까울까

잔별 떨어진 꽃 잔디 심어놓고
철도 침목 계단을 마등령처럼 돌아 넘어
공룡능선 타고 승천하는 용이 됩니다

사월과 오월엔 꽃비 내려
싱그럽고 담담한 길이 되고요

또각또각 구두소리 피안의 목탁소리
찌든 세상 정화시켜 주네요

달을 듣는 강물처럼 이 길을 오가는 모든 사람
평안하게 되리라 하였습니다

무인도

섬 오솔길은 개펄과 맞닿고
목 좋은 곳에는 거미줄이 쳐져 있다
해풍은 시원하고 소리도 냄새도 없다
발목에 부딪히는 파도 물보라
때마침 밀려드는 섬 안개
하얀 모시 여인처럼 휘감는다
그 아침 대난지도 오가는 여객선
뱃고동 소리에
섬 손님 나그네는 섬 끝에 나와
말없이 손을 흔들었다
노을이 썰물 때 물러가고
물 빠진 밤바다 깊은 골에서
소라 낙지 꽃게들을 잡았다
친구여!
요리는 누가 하나 무인도인데

첫사랑

난, 첫사랑을 해보지 못했다
그렇다고
아내가 첫사랑이라면 믿겠는가
어리버리 하고
맨 앞줄에 앉아 있고
공부도 보통이고
가난한 농부의 아들이고
빚 얻어 겨우 학교 다녔는데
어느 걸(소녀)이 나와 눈이 맞아
첫사랑을 했을꼬!
그래도,
짝사랑은 늘
예쁜 여학생만 골라 했는데
그나마도
여러 번 바뀌었다
아! 첫사랑 낯선 단어여

제5부

내년에 또 오자고 한다

향기 나는 우리 집

퇴근하면서 '나는 집으로 빨리 퇴근해 토끼 같은 딸, 황송아지 같은 아들과 함께 새우깡이나 사다 먹어야지' 했더니 직원들이 웃는다.

넥타이 매기

아침 출근을 하려고 장롱 거울 앞에서 와이셔츠를 입는데 딸 다호가 하는 말 "아빠 오늘은 무슨 색깔 넥타이를 매고 갈 거야" 하는 것이다. 하도 말이 예뻐서 "아무거나 매지" 하였더니 "여름이니까 이것을 매고 가" 한다. 대자리 문양 하얀 것을 골라준다. 나는 이렇게 행복하다. 딸 다호는 여섯 살이다.

딸아이 초등학교 입학

1998. 3. 5. 딸 다호가 초등학교 입학식 하는 날. 봄바람이 차지만 날씨는 맑았다. 여덟 살 나이에 맞게 보통의 키로 잘 자라서 참 예쁘고 대견스럽다. 해 줄 말도 많고 부탁할 것도 많다. 잘 견디고 건강했으면 좋겠다. 아빠의 어린 시절보다 좋은 환경이고 풍부한 생활이다. 그러나 세상이 복잡하고 위험도 많아 걱정이다. 잘 보살펴 주어야 하겠다. 엄마가 지도를 잘하여 성정이 맑고 깨끗하여 감정이 풍부하고 정이 많다. 고맙고 희망적인 너의 미래가 보이는 것 같아서 아빠는 흐뭇하구나. 아빠는 마음으로 공덕을 쌓고 또 쌓아서 너의 앞길에 촛불을 밝히리라 다짐한다. 제비꽃처럼 작고 연약하며 날렵하지만, 동백꽃처럼 수줍음 많은 다호야! 큰 조약돌보다 적은 조약돌을 줍는 다호, 오빠에게 늘 양보하는 내 딸 다호, 눈이 녹으면 오빠처럼 적상산 등산을 약속한 다호, 퇴근길 저 멀리 까만 점처럼 서서 아빠를 기다리는 다호, 다호가 초등학교 입학하는 날 아빠는 이렇게 축하의 편지를 쓴다.

딸아이 걱정

다호가 어제저녁 유치원 개학 날이 내일이라고 하면서 방학 중 그림일기 밀린 것을 쓴다고 밤 11시가 넘어서도 잠을 자지 않고 책상 위에서 일기를 쓴다. 어린 것이 책임감이 있어서 걱정이거니 하고 잠을 청한다. 조급한 마음에 눈물을 흘리면서 어떻게 하냐고 엄마한테 물어본다. 엄마는 그냥 가지고 가라 하고 딸아이는 친구들이 놀린다고 걱정이다. 내가 하는 말,

지금 일기를 다 쓰는 것은 거짓말로 쓰는 것이니 오늘 것만 쓰고 나머지는 그냥 두고 잠을 자라고 타이른다. 그러나 다호는 지난 것을 생각해서 쓰면 안 되냐고 한다. 요즘 눈이 나흘째 계속 내리고 있다. 온 세상이 눈으로 덮여 있고 꼬마들은 눈사람을 만들면서 밖에서 많이 노는 것 같다. 나도 눈이 많이 내린 시골 들판 산골짝을 노루처럼 뛰어다니고 싶다. 아이들이 마음껏 놀다 보니 일기가 밀린 것인데 다호는 부담이 되는 모양이다. 다호가 놀기를 너무 좋아하여 건강하고 명랑하다. 내일 유치원에 가서 어떻게 지내고 돌아올까 궁금하다. 눈사람처럼 하얀 얼굴 깨끗한 손으로 무얼 그

리고 올까? 오빠는 황송아지 같은 몸집으로 여유 있는 잠을 잔다.

오랜 친구

나는 오래되고 자주 만나는 좋은 친구가 있다. 젊은 시절 법원에서 만나 동고동락한 사이로 지금까지 이어져 온다. 마음껏 마시고 마음껏 이야기한다. 우리는 세상 잡사엔 관심이 없다, 우리의 전문분야인 법률문제를 서로 이야기할 뿐, 술 먹는 이야기만 한다. 좋은 안주를 부탁해 소주나 소맥을 즐긴다. 취할수록 기분이 좋고 더욱더 흥겨워 지고 허물어진다. 이차로 노래방을 가끔 들리는데 예쁜 마담이나 봉사원들이 합석하면 더욱 좋다. 음식값이나 술값은 그때그때 돈이 있는 사람이 지급하는데 죽 지나고 보면 똑같다. 늙어 가면서 마음 터놓고 이야기하고 그 이야기를 들어주는 친구가 있어 좋은 것은, 서로 비슷하게 살면서 겪는 세상살이를 나름 정리하여 이야기하고 쌓인 내공으로 철학을 빗대서 이야기할 때는 흐뭇하다. 우리는 그래도 정의의 편에 서 있고 그 정의를 말하고 그렇지 못한 주위 인간들을 탓하기도 한다. 늘 그렇듯이 숙취에 시달리지만 얼마간 못 만나면 또다시 만날 궁리를 하는 나의 술친구, 오늘도 각자의 영역에서 중심 잡아 살아가는 친구들 자랑스럽고 사랑한다.

*오랜친구 - 세금팔모임(병기, 재홍, 남윤, 황동)

고향 가는 길

토요일 오후엔 고향엘 자주 간다. 내 아들딸 함께 운전은 아내와 교대로 하며, 서산 홍성 청양 부여 논산 대둔산 넘어 금산 무주다. 들길 산길 굽이돌아 갔다가 하룻밤 자고 온다. 가는 길 차 안에서 아이들과 노래 부르고 이야기 나누고, 아이들이 지쳐 잠들면 아내와 또 많은 이야기를 나눈다. 아주 행복하고 좋은 시간이 길 따라 흐른다. 가다가 배고프면 국도변 마을 앞 정자나무 그늘에서 라면도 끓여 먹고 부여 백마휴게소에서 과자도 사 먹는다. 그렇게 다니는 길이 왕복 420킬로미터다. 고향 갈 때는 아내가 서산 해산물 대하 조개 꽃게 등을 사서 산골에 사는 부모 형제들에게 맛보인다. 언제나 그렇게 한다. 고향 가면 늙은 어머니가 오래된 집에 혼자 계신다. 올여름 아버지가 돌아가셨기 때문이다. 고향 앞산 뒷산에 노을빛이 번지고 어둠이 내리면 가슴이 먹먹하다. 적상산 산봉우리를 바라보며 운다. 퍽 좋은 일 없어도 엄마 소와 송아지에게 여물을 주고 똥 치우고, 마당 가운데 멍석 깔아 고추 말리고 들에 나가 일하다 보면 하루가 짧다. 문밖 논에는 벼가

익어가고 밤에는 잠도 잘 온다. 넘어가는 해 따라 돌아 가는 길이 서산이다.

적상산 산행기

작년에 다호(8살 딸)에게 적상산 등산을 함께 하기로 약속한 것을 이행하기 위하여 민호(11살 아들) 그리고 아내와 함께 늦은 아침을 먹고 서창으로 출발했다. 가는 길에 적상농협연쇄점에서 라면과 초콜릿 물 등을 구입했다. 안서창 마을에 주차하고 우리들은 잘 다음어진 등산로를 따라 천천히 걸어 올라간다. 상큼하게 코끝을 스치는 산 공기에 발걸음이 가벼워져 저절로 신이 나서 오른다. 등산로 옆 숲에 반듯하게 잘 자란 나무를 골라 지팡이를 만들어 민호는 무학대사 지팡이, 나는 서산대사 지팡이로 이름을 붙이고 대사들처럼 산속으로 산속으로 들어갔다.

푸른 솔밭 사이로 작은 솔방울 새가 짹짹거리며 날아다니며 우리를 반가이 맞이한다. 민호는 장난감 권총을 쏘며 새들은 따라가면서 올라간다. 키 큰 참나무 숲이 나타나기 시작하면서 차츰 숨이 차고 목이 마른다. 저위에 샘터가 있으니 거기까지 가서 쉬자고 재촉하면서 여기쯤이 첫 번째 지치기 시작하는 구간이다. 계곡에 굴러 내린 큰 바윗덩어리 사이에서 졸졸졸 흐르는 물이 고여 있는 샘터에서 목을 축이고 숨을 고른다. 물맛이 달다. 계곡에서 자라는 고로쇠나무에 구멍을 뚫어 호스를 연결하여 통에다 고로쇠 물을 받고 있었다. 아직 해가 뜨지 않아 추워서 그런지 호스가 꽁꽁 얼어 있었다. 내려올 때 다시 보기로 하고 잠시 쉬었다가 초콜릿 하나씩 나누어 먹고 본격적인 비탈진 등산길에 올랐다.

구정을 지나는 날씨가 포근하고 청명한 하늘 아래 미끈미끈하고 껍질이 반질반질 빛이 나는 잘생긴 겨울나무들이 숲을 이루어 우리들을 반겨주고 응달진 곳에는 눈이 쌓여 쌀쌀한 겨울바람도 스친다. 다소 지친 표정이다. 땀도 흐르고 목이 말라 물도 마시고 걷는데 다호는 몸이 가벼운지 지칠 줄 모르고 잘 걸어서 출발할 때 걱정은 사라졌다.

이십여 년 전 이 산길을 홀로 등에 쌀과 책을 짊어지고 청운의 뜻을 품고 가난을 물리칠 출세의 길을 향하여 고독하고 외진 길 눈물 맺힌 안국사 가는 길이었다. 가난한 시골 소년은 그런 길을 오래 걸었고 지금은 그의 가족들과 같이 걷고 있다. 세월이 많이 흘렀어도 그 때 그 길은 여전하고 잘 다듬어져 더 단단해져 있다. 그 소년도 잘 다듬어진 머리칼이 희끗희끗한 중년 신사로 단단해져 늙어가고 있다.

등산로에 가랑잎이 떨어져 쌓여 발길에 치어 사그락거리며 부드러운 촉감으로 발등에 구른다. 지그재그 길이다. 옛날 성을 지키는 군사들이 이 길로 군량미를 날랐단다. 절벽에 오르기 전에 장도바위 앞에서 최영 장군 전설을 이야기하고 우리 조상님 어느 분도 이곳에서 벼슬살이했던 일들을 설명하면서 가파른 절벽 사이로 난 길을 줄 잡고 올라갔다. 마지막 절벽을 오르고 나니 적상산성 서문 터가 눈 위로 나타났다. 웅장하지는 않지만, 옛 성터라는 것을 금방 알 수가 있었다. 조선왕조실록을 보관하고 지키기 위하여 승군과 관군이 주둔한 성터 출입문이고 그 자리에 있던 돌들을 쌓아 복원해 놓은 것이라고 설명했다. 나는 안국사에서 공부할 때 동료들과 산책을 나와 이곳에서 해지는 저녁을 보며 앞날을 기약했던 곳이기도 하다. 허이허이 쉬

이쉬이 올라가니 산등성이 보이기 시작하고 정상이 다 가오는데 잔설이 아직 녹지 않고 하얗게 쌓여 있다. 그것을 배경으로 사진을 찍고 잘 생기고 미끈미끈하게 뻗은 겨울 참나무 숲에서 한참 동안 즐거운 시간을 가졌다. 참으로 싱그럽고 고요한 시간과 공간이었다. 감사했다. 모든 것이 깨끗하여 다호처럼 예뻤고 민호처럼 넉넉하고 포근했다. 우리는 겨울나무 노래를 산이 울리도록 불러봤다. 산 정상 고개에 오르니 건너편 참나무 숲 사이로 산정호수가 보이고 겨울바람이 세차게 몰아치며 기온이 내려가 벗어든 파카를 각자 다시 입고 능선을 따라 안국사로 향했다.

이때 나는 홀로 생각에 잠겨 소년 시절 외롭게 지금은 이사 가고 없지만 저 아래 산모퉁이를 돌면 포근하고 고즈넉하게 나를 반기던 안국사가 있고 그 위로 내가 쓰던 산신각이 있었다는 사실을 아이들에게 설명할 수가 없어 아쉬웠다. 흔적이 없기 때문이다. 아무도 찾지 않던 산중에 도로를 내고 전기를 일으키는 발전소를 만들 줄 누가 알았겠는가. 파괴의 아픈 가슴을 나와 그때 그 자리에 있던 참나무 숲이 겨울바람처럼 윙윙 소리 내어 울었다. 나는 그 터를 지킬 수 있는 힘이 없었다.

숲에서 날아오르는 까마귀들이 참나무 사이를 오가며 우리들을 반겨주며 안내한다. 산등성을 오르내리며 걷다가 안렴대 길로 가지 않고 괴목리 쪽으로 꺾어진 내리막길로 접어들어 눈길에 미끄러지면서 옛 호국사 터에 자리를 잡은 지금의 안국사에 도착했다. 안국사는 쌓인 눈이 녹아내리고 있는데 풍경 소리가 참나무 숲으로 눈처럼 퍼져나간다. 아무도 없는 조용한 절 조심스러운 몸가짐으로 잠시 둘러보고 법당 극락전에 들어가 부처님께 향을 사르고 참배를 하며 내 가족 모두 건강하게 살아갈 수 있게 기도하고 또 나는 이렇게 찾아 왔습니다. 보고를 드렸다.

부처는 소년 시절 부처 그대로다. 합장하고 세 번 절을 했다. 산성산 안국사라 부르고 신성시하며 사월 초파일에는 산 밑에 마을 북창 서창 괴목 치목 마산 사내 길왕 사람들이 모두 올라와 함께 괘불탱화를 걸어 가몸에 기우제를 지냈고 일 년 동안 무탈하게 지낼 수 있도록 기도를 해마다 했다는 전설을 들려주었다. 청하루 계단을 내려와 내가 잠시 머물던 호국사 토담집을 둘러보고 점심준비를 하려고 우물에 갔더니 우물이 얼어붙어 있어서 그냥 돌아왔다. 산중 높은 날씨는 아직도 매서워 풀리지 않고 있었다. 라면을 끓이기 위해 절 아래 성벽에 자리를 잡고 냄비에 눈을 녹여 식수로 쓸려고 눈을 녹이니 녹아낸 물속에 나뭇가지 부스러기들이 너무 많아 쓰지 못할 정도였다. 다시 절에 올라가 식수를 얻어 왔다. 소년 시절엔 내가 이 절 주인처럼 생활했었는데 하는 생각이 들었다. 라면이 끓고 있는데 산토끼가 놀라서 절 쪽으로 도망간다. 말 토끼다. 덩치가 크다. 저놈이 목탁소리 염불소리 다 듣고 해탈했을 거라고 생각했다. 맛나게 라면을 먹고 민호는 해우소를 다녀왔다. 중간쯤에서 대변이 마려운 걸 절간 해우소에서 해결한다고 참고 왔다. 산중의 해우소가 전기가 들어와 수세식이라 편한데 옛 절 느낌이 없던 것이 아쉬움이다.

안렴대를 향하여 걷는 산길이 겨울 햇살을 받으며 따뜻하다. 키보다 훨씬 큰 철쭉나무숲이 꽉 찬 좁은 오솔길이라 한 줄로 서서 가야 한다. 이어지는 철 계단이 가팔라서 조심조심 내려온다. 소나무가 이 암벽에 뿌리를 박고서 잘 자라고 있다. 소나무야!

안렴대 너럭바위에 도착했다. 조선왕조실록을 이곳 바위굴 속에 숨겨 피난시킨 곳이라고 설명하고 적상산에서 가장 전망이 좋아 날씨가 맑은 날엔 진안 마이산도 보인다고 설명을 했다. 너럭바위 난간에서 아슬아슬하고 간질간질한 스릴도 맛보고 구름 위에서 사진도 찍었다.

과일을 깎아 먹으면서 높은 산 공기와 햇살을 즐겼다. 저 밑에 안성 장수 쪽으로 난 도로 옆 큰 마을이 할머니가 현재 사는 집이고 아빠의 고향이며 우리가 머물고 있는 곳이라고 설명해준다.

이 마을 터가 덕유산에서 북쪽으로 내달리는 큰 산맥인데 천 리를 달리는 말이 풀을 먹으려고 잠시 멈춰서서 고개를 숙이는 말을 닮은 곳이라 해서 마산(馬山)

마을이라고 이름 지었다고 설명하고 그중 우리 집터가 동내에서 제일 좋은 자리라고 설명해준다. 산과 계곡이 파도처럼 펼쳐져 나가고 길은 골짜기마다 내가 흐르는 곳으로 나고 그 길 따라 평평한 땅에는 어김없이 마을이 형성되어 자리하고 있다는 사실도 눈으로 보아 확인되는 지리공부를 한 셈이 되었다.

우리는 서둘러 하산하기 시작했다. 체력이 걱정되던 다호는 오히려 민호보다 더 산행을 잘한다. 하산 길은 약간의 피로감 때문에 무릎이 휘청거리기도 했지만 즐거움이 더 컸다. 썩은 참나무 가지 속에 벌레를 잡으려고 딱따구리 새들이 이리저리 날아다니며 우리들의 하산 길을 앞서거니 뒤서거니 따라온다. 그러다 나무에 주둥이를 대고 나무를 쪼을 때 나는 소리가 목탁소리처럼 들린다. 똑똑 또르륵 똑똑…….

샘터에 도착해 고로쇠나무 밑으로 가보았다. 없다. 누군가가 먼저 가지고 가버렸다. 아쉬움이 있었으나 고로쇠나무 수액을 채취하는 것을 직접 눈으로 보았다는 경험에 만족해야 했다. 긴 숲속 동굴을 빠져나왔다.

등산길 내내 말없이 내 말만 듣고 감탄만 하던 아내에게 힘들었지 하고 물었더니 내년에 또 오자고 한다.

술 끊어 버리기

내가 술을 끊어버린다고 가족들 앞에 맹세하고 나서 그날 술에 취해 집에 갔더니 놀란 얼굴로 딸 다호가 하는 말이 "아빠 친구 때문에 할 수 없이 술을 먹었지, 그래도 조금 먹었지! 응?" 하는 것이다. 내가 술을 끊어 버리겠다고 마음먹은 것은 만취하면 정신을 잃어버리고 가족들을 괴롭히는 주정을 부린다는 데 있다. 아마 사랑의 표현이리라. 그런데도 술을 끊어버린다는 현실이 얼마나 서글프고 아쉬운지 자신이 없다. 약속을 하면서도 속으로는 지키지 않을 심산이 가득하다. 담배를 끊어 버릴 때는 독한 마음으로 불퇴전했는데 술에 대해서는 영 섭섭하다. 그 후로 나는 여러 번 술을 마셨다. 요즘도 가끔씩 마신다.

지리산 산행기

천 년이 가도 울리지 않는다는 지리산. 남도의 모든 산과 들을 품어 인간 세상에 풍요로움을 주는 어머니 같은 산. 늘 가보고 싶고 가까이서 천왕봉을 우러러보고 싶었던 산이다. 99년 10월 넷째 주 일요일 법원산악회에서 주관하는 가족동반 지리산 등산을 한다 하여 초등학교 5학년 다니는 아들 민호와 함께 참가하였다.

산행코스는 남원에서 들어가 성삼제 까지는 차로 올라가고 이어 노고단을 거쳐서 피아골로 내려가는 코스로 정했다 한다. 설레는 가슴으로 시작한 산행은 차들로 북적대는 산속의 교통혼잡과 마주쳐 짜증스럽게 다가온다. 성삼제 주차장을 거쳐 노고단 길을 시작으로 아들과 함께 걸어가기 시작하니 사람들이 하도 많아 길은 단풍으로 물들고 인파로 밀리어 가고 있다.

산 정상쯤 평평한 능선을 타고 걸어가니 키 작은 떡갈나무 잎사귀들이 가뭄에 말라 버리고 다른 볼거리 없는 텅 비어가는 산길을 밋밋하게 걸어서 노고단에 도착하였다. 서둘러 카메라에 아들 모습을 노고단을 배경으로 담고 일행과 뒤처지지 않으려고 물 한 통을 받아들고 바삐 오른다. 사람들 접근을 막는 철조망이 노고단을 외롭게 하고 등산객은 땀을 식히며 아쉬움에 숨을 몰아쉰다. 저 멀리 천왕봉은 아스라이 구름 속에서 보인다. 망원경으로 자세히 본다. 거대한 용이 구름 속에서 솟구쳐 나와 고개를 들고 숨을 쉬는 모습이다. 노고단에서 임걸령 삼거리 사이의 산 숲길이 꾸불꾸불한데 길은 사람들 발길에 반들거리고 숲에서 풍기는 서늘한 공기가 머리를 맑게 한다.

울창한 전나무 숲에 이르러 아들에게 힘들지 않으냐고 물어보니 대답 대신 열심히 걸어간다. 진한 숲 향기를 가슴을 펴고 들여 마신다. 숲속 작은 터에서 점심을 간단히 먹었다. 임걸령 삼거리에서 피아골로 내려가는 계곡으로 난 가파른 나무계단을 따라 하산하는 길엔 작은 산대나무숲이 우거져 있고 나와 같은 등산객들이 오며가며 땀을 흘린다. 계곡이 시작되는 길부터 우거진 단풍나무들과 떡갈나무 이름 모르는 나무들이 숲을 이루고 그 사이로 작은 산길을 따라 구름다리도 여러 개 있다.

단풍이 곱게 물든 곳에서 사진도 찍었다. 나와 내 아들과 추억을 담았다. 끝없이 이어지는 계곡 맑은 물 따라 단풍나무들이 수양버들처럼 늘어져 곱게 곱게 물들고 가을 지리산 서늘한 공기가 긴 산행에 지쳐 피곤한 하산 길을 위로해 주고 느릿한 걸음으로 걸어서 걸어서 내려온다. 그 어려웠던 빨치산 토벌의 아픔을 아는지 피아골은 피처럼 붉다. 영혼들이 단풍 되었다. 피아골의 단풍은 삼홍(三紅)이라 하여 산이 붉게 타는 산홍(山紅), 붉은 단풍이 맑은 담소에 비치는 수홍(水紅), 사람이 들어서면 사람도 붉게 물드는 인홍(人紅)이 절경이다. 옛 사람들이 시를 쓰고 마음을 닦아 노래했단다. 피아골 골짜기는 40여 리란다. 아들과 이런저런 이야기 하며 계곡을 따라 내려오니 단풍처럼 물들어 버렸다. 내 가슴에도 지리산의 침묵과 웅장한 힘이 같이 물들어 갔다.

하산 후 계곡 맑은 물에 아들은 아들 대로 나는 나대로 발을 담그고 긴 산행의 피로를 풀어본다. 아들과 선계에서 보낸 하루였다. 웅장한 지리산 피아골에 해가

기울기 시작하니 산그늘이 지기 시작한다.

계곡인지 강인지 분간하기 힘든 피아골의 물소리가 꽝꽝꽝 내리쏟아진다. 산골짜기 계단식 가파른 언덕 끝 막걸리 집에서 어른들은 한 잔씩 하고 아이들은 음료수를 마신다. 어항 속에 갇힌 섬진강 은어들이 갇힌 줄 모르고 헤엄질 하고 있다.

어둑한 산길을 떠나 버스를 타고 돌아오는 길엔 보름달이 둥그렇게 푸른 밤하늘에 떠 있고 달려도 달려도 따라잡지 못하는 걸음아 내 걸음아 하며 따라온다. 아들아, 천 년이 가도 울리지 않는 저 지리산처럼 네 뜻을 크게 품고 오늘처럼 한 발 두 발 나아가거라 그리고 저 천왕봉처럼 세상의 모든 것을 품어 우뚝하게 솟아 변하지 말거라.

포지리 개펄 낙조

충남 태안군 원북면 포지리 앞바다 물 빠진 너른 개펄에 늦가을 따스한 햇볕이 조그만 게구멍에도 드나든다. 썰물이 지나간 지 오래되어 포실하게 마르고 부드러운 개펄에 그사이 집 짓고 몸 말리느라고 작은 게들이 분주하다. 동글동글하게 뭉쳐서 콩처럼 부려 놓았다. 딸아이 발자국 따라 시루처럼 찍혀진다.

물 때맞춰 굴 조개 캐러 나가는 어촌 아낙들 발밑엔 큰 장화가 신겨져 있다. 현재 시각은 1996년 11월 3일 일요일 오후 2시다. 해풍은 썰물이 지나간 후에도 그 자리에 남아 상큼하고 촉촉하게 옷깃을 여미게 한다. 가을 해는 하늘 한가운데 떠 있고 그 햇살 개펄이 살아나고 있다

바닷물은 멀어져 가물거리며 이담 밀물 때 만나자고 출렁인다. 땅끝에 닿는 산자락, 섬 하나, 우뚝 서 있는 태안화력발전소 굴뚝들, 바닷물이 마지막 배수진을 친 끝에는 간척사업을 벌이는 둑 막이 공사가 한창이며 바지선 옆에 건설 중기가 굉음을 낸다.

우리는 너른 개펄에 둔덕을 이룬 작은 물길 따라 바

닷속 깊이 노래 부르며 섬 사이로 어촌 아낙들 사이로 들어간다. 뻘은 나무말뚝을 수로 따라 박아 놓았고 그 물길 따라 졸졸졸 개울물처럼 바닷물이 빠져나간다. 물이 들어올 때도 그 수로에 먼저 들어와 찬다. 이 물길을 알지 못하고 뻘 깊숙이 들어갔다가 나오지 못하는 사고가 가끔 난다고 한다. 투덕투덕 뻘 바위 사이를 걷다가 이리저리 살펴보며 굴돌과 조개 구멍을 찾는다.

나는 아들과 함께 질퍽질퍽 투덕투덕 개펄을 휘저으며 돌아다니다 바지락조개를 캐낸다. 잘 나오진 않지만, 그런대로 시간만큼은 캐낸다. 이따금 물 찬 제비처럼 개펄을 왔다 갔다 하는 어부 아저씨 발자국 소리다. 낙지 잡으려 잽싼 걸음걸이다. 허탕도 치는가 보다. 그래서 낙지는 비싸다. 바람은 미풍으로 살랑거리고 가을 해는 서쪽으로 기울어 가고 있을 때 우리는 쏠쏠하게 바구니를 채우고 뻘밭을 한참 걸어서 나왔다. 끝없이 펼쳐져 있는 보드라운 뻘밭을 남김없이 밟아보고 싶었다. 그런 생각에 발자국을 찍는데 내 발자국 뒤를 딸아이가 따라 밟으며 하는 말 “아빠는 왜 가랑이를 벌리고 걸어가?" 하는 것이다. "응 아빠는 어릴 때 일을 많이 하고 지게질을 하여 발이 벌어졌어" 라고 대답을 하였는데 알아들었는지 모르겠다.

빵과 물을 먹으며 개펄을 벗어 나온다. 아내는 그사이에도 바지락을 더 캐낸다. 아이들은 점하나 섬 하나 사이에서 숨바꼭질하며 잘 논다. 등 뒤로 들리는 말 '못 찾겠다 꾀꼬리' 하며 딸이 오빠를 향해 소리치는 소리가 들린다. 깨끗하고 청아한 목소리 뻴처럼 보드라워 간직하고 싶은 소리다. 밀물 때가 되는가보다 멀리서 스물거리며 물들어 오는 소리가 들린다. 먼바다의 소식을 실은 파도가 넘실대며 가까이 가까이 다가온다. 밀물이 빠르게 우리를 쫓아온다. 같이 들어왔던 어촌 아낙을 태운 경운기가 함께 개펄을 빠져나간다.

낙지를 잡던 어부 아저씨는 오토바이를 타고 휑하니 먼저 간다. 서쪽 개펄 끝이 하늘과 만나는 곳에 빨간 해가 떠 있다. 저녁노을이 시작됐다. 모두다 '야, 해 봐라' 소리쳤다. 노을은 저렇게 빨간 사과처럼 생긴 해와 구름이 서로 합쳐 그려낸 그림 작품이란 걸 알았다. 이

순간 모든 세상이 빨갛게 물들어 너른 개펄에서 만나고 있었다.

해가 섬 사이로 이어지는 바닷속으로 천천히 잠겨 어두워지는 것을 마지막까지 바라보며 해가 반이 남아 그 반이 없어질 때까지 걸리는 시간을 재어보았다. 1분이었다. 해가 진 바다의 어둠이 바로 스며들어 캄캄해져 버렸다. 속으로 감사하며 늦가을 하루를 노을빛에 물들이고 그 노을이 지는 것을 끝까지 바라본 시간과 풍경이 너무 행복했고 감격스러웠다. 아이들 가슴에도 포지리 개펄 노을이 스며들었겠지 하루를 잘 보내고 돌아가는구나 하며 꿈속으로 잦아들었다.

이혼 재판

오후 14시 법원장실에서 이혼 조정이 열린다. 창밖엔 하늘이 푸르고 키 큰 나무가 바람에 자유롭다. 출석한 부부들에게 그 바람에 스치기를 바란다. 왜 그리 각자의 방향으로 꼬여져 있는가. 좋다고 결혼해서 잘 살았을 때 생각이 안 나는지 같이 살던 상대방에 대한 감정이 저토록 격하고 아주 불신해버리고 심지어 상대방이 말하는 모든 것들은 거짓이라고 단정해버리는 태도들이 섬뜩하다. 그들은 종이 한 장 말 한마디에 갈라서고 있다. 여자는 누구나 눈물을 흘리고 남자는 누구나 고개를 숙인다. 법원장과 조정위원 나 함께 힘을 합하여 설득하고 달랜다. 서로 용서하고 같이 살아 보라고, 이혼하지 말라고 애들을 위해서 헤어지지 말라고 또 애들한테는 죄악이라고 설명한다. 그래도 안 되면, 상대방에 대한 나쁜 감정을 지우고 서로 위로하며 덮어두라고 한다. 위자료와 재산분할은 너무 따지지 말고 서로 공평하게 나누어 가지라고 한다. 창밖의 키 큰 나무는 여전히 바람에 자유롭다.

원북 앞바다 조개잡이

서산에서 태안을 거쳐 학암포까지 간다. 태안화력발전소 앞 조개양식장이 보상이 끝나 어민들 관리가 없어져 일반 사람들도 조개를 잡을 수 있어서 소문을 듣고 아내와 같이 갔다. 물이 빠지는 시간에 갯골을 건너야 한다. 물이 반쯤 빠진 개펄에 사람들이 앉아서 손으로 개펄을 긁어대면 손가락 사이로 바지락조개가 두세 개씩 걸려 나온다. 흙탕물이 된 물속을 들여다볼 수 없어서 손으로 더듬어 조개를 캐낸다. 손끝에 전해오는 미끈한 조개껍질 감촉이 짜릿하며 재미가 있다. 밀물이 오기 전에 갯골을 빠져나와야 한다. 더 욕심을 부리면 위험하다. 연 삼일을 이렇게 조개잡이를 다니면서 한 망태씩 잡았다.

이 도서의 국립중앙도서관 출판예정도서목록(CIP)은 서지정보유통지원시스템 홈페이지(http://seoji.nl.go.kr)와 국가자료공동목록시스템(http://www.nl.go.kr/kolisnet)에서 이용하실 수 있습니다.(CIP제어번호: CIP2017007959)

나에게로 가는 길

2017년 4월 10일 초판 1쇄 찍음
2017년 4월 15일 초판 1쇄 펴냄

지은이 _ 송종엽
펴낸이 _ 나문석
편 집 _ 장상호
표지사진 _ 박종천

펴낸곳 _ 도서출판 두엄
등록번호 _ 제03-01-503호
주 소 _ (41969) 대구광역시 중구 명륜로12길 21
대표전화 _ (053)423-2214
전자우편 _ dueum@hanmail.net

ISBN 978-89-85645-65-2 03810